AF248111

DISCOURS

PRONONCÉ

LE JOUR DE SAINT LOUIS,

FÊTE DE SA MAJESTÉ

LOUIS DIX-HUIT,

Par M. L......., Prêtre du Diocèse et de l'Arrondissement de Rouen.

ROUEN,

Chez MÉGARD, Imprimeur-Libraire, rue Martinville, n° 128.

1816.

Reddite Cæsaris Cæsari , et Dei Deo.

Rendez à César ce qui est à César , et
à Dieu ce qui est à Dieu.

En Saint-Matthieu , Chap. 22.

————————

Cette maxime chrétienne , si connue dans
l'Evangile , et sortie de la bouche de Jésus-
Christ même , n'a pas besoin de commentaire
pour se faire entendre. Tout le monde sait que
le tribut de nos adorations et de nos louanges
n'est dû qu'à Dieu qui l'a formé , et que ,
comme créature , nous lui devons l'hommage
de notre dépendance ; mais tout le monde sait
aussi que le tribut de nos biens et de notre
amour , de notre obéissance et de nos respects , est dû aux princes qui nous gouvernent.

Cette maxime est tellement liée avec la mo-
rale évangélique , que nul ne peut se dire
chrétien , s'il ne s'acquitte des devoirs sacrés
qu'elle lui impose. Dieu ayant créé l'Homme
pour vivre dans un ordre social , a établi lui-
même des chefs auxquels il a voulu que les
peuples fussent soumis. Il choisit d'abord

Moyse pour être à la tête des enfants d'Israël, Josué lui succéda, ensuite les Juges, et enfin il établit des rois pour gouverner son Peuple; il les revêtit de sa puissance et de son autorité pour régner sur lui en maîtres et en souverains, et lui imposa l'obligation de leur obéir comme à lui-même.

C'est pour confirmer cette loi divine que Jésus-Christ, sur la Terre, dit à ceux qui venaient pour le tenter : *Reddite Cæsaris Cæsari, et Dei Deo* : Rendez à César ce qui est à César, et à Dieu ce qui est à Dieu; c'est-à-dire, soyez soumis et respectueux envers ceux qui vous gouvernent. C'est un Dieu qui vous l'ordonne; que ce ne soit point par crainte ou pusillanimité, mais par amour et par devoir; que la Religion en soit la base et le principe.

Je dis la Religion, car à quoi nous oblige-t-elle envers ceux à qui Dieu a remis le sceptre de sa puissance ? Le voici, mes frères : Leur rang et leur titre forment l'étendue de nos devoirs; or, qu'est-ce que le Prince est par rapport à nous, et que sommes-nous par rapport à lui ? Nous sommes une famille dont il est le père, un peuple dont il est le maître, des sujets dont il est le souverain.

Il est le père de ses sujets, donc il a droit à leur amour et à leur fidélité : il est le maître de ses sujets, donc il a droit à leur vénération et à leurs respects : il est le souverain de ses sujets, donc il a droit à leur soumission et à leur obéissance. Nous devons donc aimer sa personne, respecter sa majesté, et obéir à son autorité. Or, s'il ne fut jamais prince plus accompli, père plus doux et plus aimable, monarque plus grand et plus auguste, souverain plus digne de régner sur un grand peuple que Louis-le-Désiré, ce roi par excellence, que la divine Providence nous a conservé dans sa miséricorde pour cicatriser nos plaies, et fermer l'abyme de nos maux, en un mot pour être notre sauveur, en fut-il jamais un qui méritât mieux que lui nos devoirs et nos hommages ? C'est ce que j'entreprends de vous développer succinctement dans ce discours : donnez-y, je vous prie, toute votre attention.

PREMIÈRE RÉFLEXION.

D'abord, nous devons au Roi l'amour et la fidélité. Le tribut de l'amour doit se mesurer sur le nombre et la grandeur des bienfaits. Aussi devons-nous à Dieu un amour sans bornes, parce que ses bienfaits sont infinis;

or, mes chers frères, les souverains sont les dieux de la Terre, à qui nous devons notre amour moins encore par l'étendue de la puissance dont ils sont revêtus, que par la multiplicité des bienfaits qu'ils répandent sur leurs peuples. Et, en effet, continuellement occupé de la sûreté publique, le souverain veille sans cesse pour écarter ce qui pourrait la troubler : sa main est armée du glaive de la justice pour repousser les entreprises des méchants, et punir leurs attentats. Il porte la balance de l'équité dans laquelle il pèse sans passion les intérêts divers de ceux que la Providence a confiés à ses soins. Le citoyen fortuné dort tranquillement à l'ombre du Trône et sous la protection de la Loi, tandis que le Prince veille sur lui avec les tendres inquiétudes d'une mère pour un enfant chéri. La sûreté de ses sujets fait son unique soin ; ses jours sont consacrés tout entiers à l'intérêt public.

C'est sous la sauve-garde de son autorité que le Laboureur sème avec confiance, et avec l'entière certitude de recueillir les fruits de ses peines et de ses travaux ; que le Négociant quitte le sein de sa patrie et de sa famille pour aller chercher la fortune au-delà de l'immense étendue des mers ; que le faible est à couvert de l'oppression des puissants, et que ceux-ci jouissent paisiblement de leurs honneurs et de leurs richesses. Il est le protecteur de la Veuve et de l'Orphelin ; il conserve leur bien, le soustrait à la rapacité de l'injustice. L'accès de son Trône est facile : nous pouvons nous en approcher aisément. Il y est assis comme un père qui nous aime et qui est toujours prêt à nous donner des secours. Enfin la vertu trouve dans la personne d'un bon prince un défenseur, l'innocence opprimée un vengeur, le crime un ennemi impitoyable, un juge inflexible.

En faisant ce portrait d'un bon prince, vous reconnaissez sans doute, mes chers frères, trait pour trait, celui de notre auguste Monarque. Fut-il jamais, en effet, prince plus affectionné pour son peuple, père plus tendre pour ses enfants, souverain plus attaché au bonheur de ses sujets. Entrons dans le détail de ses augustes qualités, et nous serons convaincus que de tous les rois il n'en fut jamais de plus aimable et de plus digne d'être aimé.

La France entière, comme vous le savez, mes frères, depuis nombre d'années, avait corrompu ses voies : elle n'offrait plus que l'horrible spectacle d'une Babylone d'iniquité. Le Seigneur avait résolu de s'en venger : déjà tous les fléaux de sa justice tombaient sur elle ; et les ministres de ses vengeances , armés contre leurs concitoyens et leurs frères , se disposaient à exterminer jusqu'au dernier de ses habitants , et à ne faire plus qu'un vaste cimetière de l'état alors le plus florissant du Monde entier. Mais la Miséricorde ne put voir cet abyme de maux sans réclamer ses droits : cette divine Providence, qui toujours veille au salut des siens dans le moment même que sa justice immole ses victimes , nous conservait sous ses ombres le Libérateur d'Israël.

Oui, je l'entends , je le vois ce vrai héros de la Miséricorde ! ce prince de la Paix et du Bonheur ! Je le connais à la douceur de son langage, à la tendresse de son cœur, à l'ardeur de son amour! C'est le vrai descendant de Saint-Louis, le nourrisson du grand Henri, le digne héritier de nos deux saints rois martyrs et glorieux ! C'est enfin Louis XVIII, le désiré de sa nation , et si digne de l'être, qui se disait notre père avant même qu'il nous fût permis de le reconnaître et de l'appeler notre roi. Il est revenu miraculeusement parmi nous : la clémence , la douceur , la paix et l'abondance accompagnent ses pas , et rendent aussitôt à la France entière son premier éclat, sa joie et son bonheur.

A peine assis sur le trône de ses pères, encore tout souillé des crimes d'un ambitieux tyran, il voudrait ne plus se ressouvenir des crimes de sa nation ; il offre un généreux pardon à tous ceux qui se rangeront fidellement sous ses lois : sa clémence oublie non-seulement tous les crimes, mais voudrait même ne plus reconnaître de criminels parmi ses sujets, et s'il est forcé d'en punir quelques-uns, rebelles, sa bonté s'alarme sur la rigueur des supplices. Il nous invite à lui offrir nos cœurs dont le sien est le sûr garant ; c'est le seul trône qu'il ambitionne, et sur lequel il est jaloux de régner. Ah ! pourriez-vous donc, mes frères, les lui refuser ? Méconnaîtriez-vous ce noble, ce généreux cœur des Bourbons, qui, depuis plus de huit siècles, fait la gloire, l'honneur, l'éclat de la France, et le bonheur des français, et qui, aujourd'hui, plus sensible à vos malheurs qu'à vos crimes, vous dit encore : *Nous ne souffrons que de vos maux, et la seule félicité que nous puissions nous permettre, c'est de pouvoir les guérir.*

Que ne fait-il pas, en effet, tous les jours,

pour cicatriser nos plaies ? Il encourage la vertu, fait fleurir les arts, il veille avec activité à la tranquillité de son peuple ; il cherche tous les moyens de rétablir les mœurs presqu'entièrement corrompues ; il fait renaître la religion sainte de nos pères, qu'une horde de brigands et d'incrédules avaient expulsée de la France, et qu'un infâme et ambitieux usurpateur n'avait feint de rétablir que pour mieux masquer ses crimes et parvenir à son intrusion, mais au fond pour l'asservir et la mieux détruire. Le Roi rétrécit ses besoins, bannit les plaisirs de sa Cour, et se prive même du nécessaire pour alléger le fardeau des impositions, qu'une poignée de factieux, ennemis du repos public, a fait renaître dans l'Etat, déjà épuisé avant son premier retour. Il a établi une paix solide, qui assure la tranquillité de son peuple, affligé depuis près de vingt-cinq années par des guerres aussi cruelles que désastreuses. Maintenant, pères et mères, vous pouvez élever vos enfants à l'ombre du Trône et de l'Autel, sans craindre que le fer ennemi moissonne ces précieux fruits de vos entrailles.

O hommes de sang ! députés de Lucifer ! monstres qui avez forcé la Mort à devenir trois fois cruelle, et qui n'a obéi qu'en frémissant de votre scélératesse ! venez donc comparer votre règne tyrannique à la douceur du règne de notre auguste Monarque; mettez en parallèle vos maximes odieuses, toutes païennes, anti-humaines et subversives de la raison comme de la société, avec les principes moraux, sages, chrétiens et restaurateurs de son gouvernement. Ah! plutôt reculez d'horreur ! Apprenez à rougir de vos monstrueuses cruautés, reconnaissez enfin que la dynastie des Bourbons est le seul rempart qui puisse arrêter la folie et l'extravagance humaine, et s'opposer à ce qui pourrait altérer la tranquillité, menacer notre vie, troubler notre repos, et assurer le bonheur de la France.

Tels sont, mes frères, les bienfaits que nous avons reçus de Louis-le-Désiré, notre Roi par excellence, dès son avénement au Trône de ses pères. Eh! que ne nous promet pas son cœur paternel, toujours constant et incapable de se démentir ?

O mes chers frères! quels titres! quels droits n'a-t-il pas à notre amour et à notre reconnaissance ! Or, je vous le demande, serait-ce reconnaître ses bienfaits, serait-ce le payer de retour, que de n'avoir pour lui que de l'indifférence ou du mépris ? que de ne lui montrer que les sentiments d'un vil esclave, ou d'un méprisable mercenaire ? Et à tant de traits de son amour pour nous, le vôtre pour lui ne se réveille-t-il pas ?

Lâches et indignes enfants d'un si bon père ! Cruels et infidelles sujets d'un si bon roi ! avez-vous donc oublié ce que dit le grand Apôtre : Obéissez à vos maîtres dans la simplicité de vos ames, comme à Jésus-Christ même. Servez-les de bon cœur, avec amour et fidélité, comme si vous serviez le Seigneur et non des hommes. Malheur aux ames de boue qui dégraderaient par d'autres sentiments leur obéissance aux souverains ! ce ne seraient point des chrétiens, ce ne seraient point des français ; ils auraient aussi peu l'esprit de la nation que celui de l'Evangile.

Mais l'amour et la fidélité ne sont qu'une partie des devoirs que la Religion et même la nature nous imposent à l'égard des rois qui nous gouvernent ; nous devons encore les honorer et les respecter comme les oints du Seigneur.

SECONDE RÉFLEXION.

Pour bien comprendre l'obligation que nous avons d'honorer, de respecter nos rois et de nous assujétir par amour à leur puissance, il faut remarquer, qu'encore que tous les hommes soient naturellement égaux ; ils sont nés cependant pour vivre en societé ; or, la société ne peut exister ni se maintenir sans la paix, la paix sans l'union, l'union sans l'ordre, l'ordre sans distinction, la distinction sans dépendance, la dépendance sans l'autorité. La même nature qui a fait tous les hommes égaux, les a en même temps obligés à s'assujétir et à se soumettre à un chef, et à renoncer à cette égalité, pour éviter la confusion de la société. Ainsi, nous dit le Sage, cette inclination naturelle vient de Dieu qui gouverne le Monde d'une manière invisible par sa Providence.

Mais il a voulu établir sur la Terre deux puissances visibles qui le représentent, et qui émanent de sa divinité pour le gouverner, tant pour le spirituel que pour le temporel. Il choisit d'abord Moyse, ensuite les Juges, et enfin les Rois, pour administrer, en son nom, la justice au peuple ; comme il choisit Aaron, les Prêtres et les Lévites pour lui offrir des sacrifices pour la rémission des péchés. Dans la nouvelle Loi, il a établi son Église, et a choisi des chefs et des pasteurs pour la gouverner infailliblement en son nom, en leur promettant d'être avec eux jusqu'à la consommation des siècles.

Mais il veut aussi que les rois le représentent, et fassent observer sa Loi et les règles qu'il a établies pour le bon ordre de la société des hommes ; de sorte que c'est manquer à Dieu même que de ne pas respecter leurs ordonnances ou de mépriser leurs volontés. Celui qui vous méprise me méprise, dit Jésus-Christ en parlant de ses apôtres ; mais quiconque résiste aux puissances, dit Saint-Paul, résiste à Dieu même : *Qui resistit potestati , Dei ordinationi resistit.* Non-seulement ils sont les pères de la Patrie, dont nous sommes les enfants , mais ils sont encore les maîtres de l'Etat, dont nous sommes les citoyens ; par conséquent ils ont droit à notre vénération et à nos respects. Respecter donc la majesté d'un souverain, est la seconde obligation que nous contractons en devenant membres de la société qui nous adopte.

La Religion nous apprend, mes frères, que c'est Dieu qui choisit nos maîtres; que c'est de sa main qu'ils tiennent la couronne ; que c'est sa main invisible qui répand l'onction royale sur leurs têtes , comme elle dirigea autrefois la main de Samuel sur celles des rois d'Israël.

Telles sont les augustes qualités de notre souverain. Dieu, en qui réside toute l'autorité suprême, et devant qui tout genou doit fléchir, l'a revêtu d'une partie de sa puissance, en le plaçant sur le Trône ; il lui communiqua une portion de son autorité et de sa majesté divine ; de sorte que nous, ministres du Dieu vivant, nous pouvons lui dire avec assurance et avec confiance : C'est le Seigneur qui vous a fait roi par son onction, et au peuple : Voilà le roi que Dieu vous a donné. Quel respect ! quelle vénération ne devez-vous pas avoir pour sa majesté !

En vain une fausse philosophie, née d'une criminelle indépendance, voudrait nous persuader qu'il n'y a que la tyrannie qui nous a donné des maîtres, et que, dans l'origine, nous étions tous égaux en droits : maxime la plus absurde et qui ne tend à rien moins qu'à renverser tout l'ordre de la nature et de la société, que Dieu lui-même a établi dans le Monde. Car de quelle origine et de quelle égalité prétendent nous parler ces hommes de boue qui ne connaissent que la matière, et qui n'existent sur la Terre que pour être les fléaux du genre humain ? La première origine du Monde fut sans doute celle d'Adam, et sa paternité ne fut-elle pas le premier titre de souveraineté dans tout l'Univers ? La Nature et la Divinité ne l'établirent-elles pas le chef et le maître de ses enfants ? Chaque peuple, dans la suite, sortant de lui, n'eut-il pas ses chefs et ses maîtres ? Abraham régna dans le pays de Chanaan, Pharaon en Egypte. Qu'on nous cite un seul peuple policé qui ait existé ou qui existe sans un maître qui le gouverne ?

En second lieu, de quelle égalité voudraient-ils nous amuser ? Nous savons tous que nous sommes formés du même limon, issus d'un même père, sujets aux mêmes misères que lui ; que la même mort et le même sépulcre nous attendent tous ; mais nous savons bien aussi que nous ne formons ensemble qu'un seul corps dont chacun de nous est membre, et que tous ne peuvent pas être l'œil, l'oreille, ni les pieds, ni les mains, ni la tête de ce corps ; que nous n'avons pas tous les mêmes dons et les mêmes talents ; qu'il en faut pour commander comme pour obéir, selon la mesure de nos facultés, comme le dit le grand Apôtre. Quelle confusion dans ce vaste Univers, où les passions sont capables de tout oser, de tout bouleverser, s'il n'y avait pas un maître qui pût leur imposer un frein ? Les vices confondus avec les vertus, les sages avec les fous, les domestiques avec les maîtres, les enfants

enfants avec les pères, n'offriraient plus qu'un spectacle d'horreur et d'effroi, et le Monde entier ne serait plus qu'un affreux chaos.

L'égalité n'est donc qu'une pure chimère, comme elle serait le plus terrible fardeau pour l'humanité. La fatale expérience que nous en avons faite dans le dernier siècle, nous en laisse encore de cruels et douloureux souvenirs.

Il est vrai qu'un homme extraordinaire fut pour un moment l'instrument de la divine Providence pour nous retirer de ce premier abyme. Chacun croyait voir en lui un libérateur, un ange précurseur, envoyé de Dieu pour préparer les voies du retour de notre auguste Monarque et de la légitime dynastie de nos rois ; mais la justice du Seigneur n'était pas encore satisfaite : il fallait d'autres fléaux pour réparer nos crimes, et cet homme, si extraordinaire en apparence, devint bientôt un dragon altéré de sang qui ne nous fit que trop apercevoir que nous ne sortions d'un abyme que pour rentrer dans un autre. *Abyssus Abyssum invocat.* L'orgueil qui le fit monter sur le Trône, le porta à se déclarer le chef suprême de la nation, mais qui, n'étant pas la sienne,

B

devint, en peu de temps, la victime de sa folle et désastreuse ambition.

Et, en effet, mes frères, quel ravage n'a pas causé la tyrannie de son Règne ! Quelles ruses, quelles supercheries, quelles absurdités, quelles violences et quelles cruautés n'a-t-il pas imaginées pour soutenir sa couronne usurpée et son empire chancelant ! Que de bras nerveux enlevés à l'Agriculture ! Que d'industrie au Commerce ! Que de richesses à l'Etat ! Et pour tout dire en un mot, il n'est peut-être pas une seule famille dans la France qui n'ait plus d'un sujet de verser des larmes. Pères et mères, je le sais, témoins de vos malheurs, j'ai entré bien sensiblement dans vos peines ; vous pleuriez amèrement la perte de vos enfants chéris qui faisaient tout l'espoir, la consolation et l'appui de votre vieillesse, vous ne pouvez encore tarir vos larmes au souvenir de ces tendres fruits de vos entrailles que le fer ennemi a moissonné au printemps de leur âge.

Maintenant que le Seigneur vous a visité dans sa miséricorde ; qu'il a abattu la tête de l'hydre qui vous dévorait, et que, par un double prodige, il vous a rendu celui qui veut et qui peut tarir vos larmes, fermer vos plaies et guérir vos maux : aujourd'hui qu'une main toute céleste vous offre une paix solide, qui assure votre tranquillité, votre bonheur, et la prospérité de l'Etat, seriez-vous donc assez aveugles pour ne pas reconnaître le prix d'un si grand bienfait, et assez insensés pour rejeter des dons si précieux que sa bonté divine vous offre : hélas ! humilions-nous plutôt, mes chers frères, et le cœur pénétré de douleur et de reconnaissance, écrions-nous avec le Roi prophète : Il est bon, il est miséricordieux le Dieu que nous servons !

Adorez-donc, mes chers frères, les décrets de la divine Providence qui veille sur nous avec tous les soins d'une tendre mère, et reconnaissez dans l'auguste Monarque qu'elle vous a conservé et qu'elle a miraculeusement rétabli sur le Trône de ses pères, votre souverain, votre chef et votre maître ! Vous le connaîtrez sans peine à la douceur de son langage, à la grandeur de son ame et à la noblesse de ses vertus : c'est un père tendre et compatissant, un prince plein de bonté et de clémence ; en un mot, c'est un roi selon le bon plaisir de Dieu, et qu'il a revêtu des attributs de sa divinité et de sa puissance pour vous gouverner. Fut-il donc jamais roi plus illustre et plus accompli ? en fut-il jamais un qui méritât plus nos respects et notre vénération ?

Quelle marque plus sensible Dieu peut-il nous donner de son choix, que sa protection toute miraculeuse pour conserver sa vie au milieu de mille dangers où ses jours ont été exposés ! La divine Providence, qui toujours veille au salut des siens, le couvrit de ses ombres , pour le sauver du glaive régicide qui immola le plus doux, le plus pacifique des rois, et qui sera à jamais l'objet de nos regrets et de nos larmes. Poursuivi jusques dans le lieu de sa retraite, il est obligé de traverser les mers avec son auguste famille. Là , le Seigneur lui préparait un asile de sûreté , que son ennemi , malgré tous ses efforts , ne put jamais atteindre, en attendant que sa justice, satisfaite par la punition de nos crimes, permît à sa miséricorde de le remettre sur son Trône.

Il est donc arrivé cet heureux moment qui devait changer notre destinée ! Bientôt l'Usurpateur est détruit : ses triomphes se changent en défaites, sa gloire en confusion, ses lauriers en cyprès, et aussitôt , comme un astre brillant , paraît le grand Roi que son amour vous destine.

Il est vrai qu'à peine arrivé dans sa Capitale, à la grande satisfaction de la majorité de son peuple, le Démon, toujours ennemi de notre bonheur et de notre joie, suscita une horde de factieux pour le contraindre de sortir, pour la seconde fois, de son royaume. Le Tyran, rappelé par eux dans l'Etat, se disposait déjà à n'en faire plus qu'un monceau de ruines ; mais sa voix puissante, ou plutôt celle de Dieu par sa bouche, se fait entendre jusqu'aux confins de l'Univers. Toutes les couronnes alliées volent à son secours, le bras du Tout-Puissant combat avec eux, et remporte la victoire ; et à peine cent jours expirés, le Tyran disparaît, les factions s'évanouissent, les factieux se cachent pour dévorer leur honte, le Roi reparaît, et tous les partis opposés viennent avec docilité se soumettre à ses lois, se ranger sous ses étendards ; enfin la France reprend une nouvelle naissance.

Ici, mes chers frères, est-ce l'Homme que nous devons admirer dans ces événements, ou la majesté divine qui est en lui ? Est-ce le génie de l'Homme ou l'esprit de Dieu qui opère en sa faveur de si grandes merveilles ? Est-ce enfin la majesté d'un pur homme ou celle d'un Dieu qui est en lui, et qui triomphe, pour ainsi dire sans victimes, d'un peuple de venu si féroce, si endurci dans les crimes les plus atroces, et toujours prêt à se révolter ?

Ah ! convenons, mes chers frères, qu'un homme d'une vertu aussi rare et aussi pure, d'une bonté aussi ferme et aussi constante, d'une clémence aussi étendue et aussi éclairée, et dont les siècles passés ne fournissent aucun modèle, même en matière de gouvernement, n'est point un pur homme, mais l'instrument dont Dieu se sert pour opérer les prodiges de sa miséricorde sur nous ; que c'est lui-même qui l'a choisi pour guérir nos maux et pour régner sur nous en maître et en souverain. Quel respect et quelle vénération ne devons-nous donc pas avoir pour sa personne sacrée ! *Regem honorificate.*

Vous savez, mes frères, que pendant le règne de l'Usurpateur, et sous le joug pesant de sa tyrannie, accablés nous-mêmes sous le poids des fléaux qui tombaient sur vous et vos enfants, nous vous exhortions, par le même principe de religion, à la patience et à la soumission, nous vous faisions envisager que toute puissance venant du Ciel, bonne comme mauvaise, nous devions respecter et adorer en silence les décrets de la Providence, et baiser avec humilité la main qui nous frappait ; si c'est pour nos crimes, vous disions-nous, que cette main s'appesantit sur nous, de quoi pourrions-nous nous plaindre ? Trop heureux à ce prix d'en obtenir le pardon. Quand la justice de Dieu sera satisfaite, elle saura mettre au feu les verges de sa vengeance ; mais en attendant, convertissez-vous, faites pénitence, et vos péchés étant noyés dans les larmes du repentir, la joie succédera à la tristesse.

La voici donc arrivée cette joie si long-temps désirée ; goûtez donc à longs traits le bonheur et la paix, que le Seigneur vous offre dans l'Oint qu'il vous donne ; reconnaissez en lui votre Libérateur, votre Roi, votre Sauveur ; respectez en lui sa puissance et sa grandeur comme celle de Dieu même. *Regem honorificate.*

Mais finissons : Nous devons non-seulement l'amour et le respect au Roi, mais nous lui devons encore l'obéissance et la soumission. C'est le sujet de ma troisième partie.

TROISIÈME RÉFLEXION.

Ce n'est point encore assez, mes chers frères, d'aimer la personne du Prince et de respecter sa majesté. Au titre auguste de

Père et de Maître, il joint celui de Souverain ; donc il a droit à notre soumission et à notre obéissance. Obéir à son autorité, est le dernier et le plus essentiel devoir que la Religion nous impose envers lui ; c'est le troisième caractère des hommages que nous devons rendre à sa puissance et à son autorité.

Et, en effet, que nous dit cette Religion sainte : Que, père ou tyran de son peuple, le Prince a toujours le même droit à notre soumission. L'apôtre Saint-Paul s'en explique d'une manière positive en ces termes : Obéissez aux princes que Dieu a choisi pour vous gouverner, fussent-ils méchants, oppresseurs ou tyrans ; *obedite præpositis vestris etiam discolis.* Tant que leurs lois ne passent pas les bornes de leur puissance et ne sont point opposées aux lois divines et immuables, nous devons nous soumettre.

Telle était dans l'ancienne loi l'esprit de la religion des hébreux. Leur fidélité envers leurs rois, même les plus impies, fut toujours inviolable. Cette loi a passé de l'ancienne à la nouvelle ; car je vois un Saint-Jean-Baptiste inhumainement traité par un roi impie, enchaîné dans les prisons et cruellement égorgé ; je vois Jésus-Christ même, injustement persécuté, chargé d'opprobres , et condamné à la mort la plus ignominieuse , et je n'entends pas un mot de murmure contre les puissances. Les apôtres ne sont pas mieux traités que leur divin maître , et ils imitent sa patience et sa douceur : il n'y a que quand on leur défend de prêcher Jésus crucifié , qu'ils déclarent hautement qu'il vaut mieux obéir à Dieu qu'aux hommes. Les fidelles persécutés pendant les trois premiers siècles de l'Eglise , prient pour les empereurs , et jamais les empereurs n'eurent de sujets plus fidelles et plus soumis.

Mais , grace à la divine miséricorde , nous n'avons pas , dans notre auguste souverain , un tyran qui opprime son peuple , et qui abuse de son autorité. Monarque et chrétien tout à la fois , il punit les crimes et protège l'innocent ; ses lois sont justes et sages , et ne tendent qu'à rétablir les mœurs dans leur première intégrité. Il rend à la France désolée la Religion libre de nos pères , si long-temps opprimée et avilie ; il s'en montre lui-même le zélé protecteur et le modèle , le défenseur et l'appui. Son génie bienfaisant veille sans cesse sur nous et nous fait goûter toute la tendresse d'un père , la bonté et l'affection d'un ami sincère. La douceur de son règne assure notre repos , notre bonheur. Or , quelle obéissance et quelle soumission n'exige pas de nous un prince si accompli? Serait-ce trop de lui payer le tribut de nos biens et même de notre vie? Ah! rendons, mes frères, rendons à César ce qui est à César : ses bienfaits l'exigent, Dieu nous l'ordonne, la Religion nous le prescrit.

Quand je dis que Dieu nous l'ordonne, il fait plus encore, car il nous en a donné l'exemple. Qui ne serait pas étonné de voir Jésus-Christ lui-même qui est le Roi de toute la Nature, payer à César, qui relève de lui, un tribut que personne ne doit qu'à son Souverain? Il est vrai qu'il proteste qu'il ne le doit pas, qu'il n'y est obligé par aucune loi et que, par sa naissance, il est exempt de toute servitude qui ne regarde que les sujets d'un empire : sa pauvreté, d'ailleurs, suffisait seule pour l'en exempter. Cependant, il aime mieux faire un miracle que de ne pas donner aux peuples cet exemple de fidélité qu'ils doivent à leurs princes : » *Ne leur soyons point un sujet de scandale, dit-il à Saint-Pierre ; allez pécher, et dans l'avaloire du premier poisson que vous prendrez, vous y trouverez une pièce d'argent qui satisfera pour moi et pour vous.* «

D'après un exemple aussi frappant; qui oserait refuser au Souverain le tribut de ses biens que la Loi lui impose de payer? Qui oserait se révolter contre la puissance qui a le droit de l'exiger pour fournir aux besoins de l'Etat dont nous sommes les membres; sur-tout quand un Dieu lui-même se soumet à César comme s'il eût été son vassal? O hommes avides! murmurateurs sans fin, qui ne pouvez vous soumettre à tout ce qui captive votre orgueil ou blesse vos intérêts, qui pourrait donc vous dispenser de payer le tribut à votre auguste Monarque, quand la Nature, la Religion et la Raison vous en font un devoir? quand un Dieu vous l'ordonne et vous en montre l'exemple? Ne serait-ce pas attirer sur vous l'effet de ces foudroyantes menaces que le Seigneur fit aux peuples qui refusaient de reconnaître Nabuchodonosor pour leur Prince? *Je me déclare, dit-il, par son Prophète, l'ennemi de tous ces peuples, et pour marque de mon indignation, je les affligerai par la guerre, la peste et la famine.*

Il est vrai que la charge des impôts devient aujourd'hui très-onéreuse pour un peuple déjà épuisé par vingt-cinq années de guerres continuelles; qu'elle absorbe une grande partie du fruit des revenus et de l'industrie; que les dettes de l'Etat, montées à un si haut période, ne laissent à la génération actuelle qu'une longue suite de peines et de détresses. Position bien affligeante, sans doute, (heureux encore si les pauvres, qui sont les moins coupables, n'en étaient pas les premières victimes !) mais qui, avec l'aide de Dieu, les soins du Monarque et les ressources inépuisables de l'Etat, sera bientôt adoucie et même convertie en joie et en prospérité. Mais après tout, de qui pourriez-vous vous plaindre ? Qui a réduit une nation, autrefois si riche et si brillante, à cet état de misère et de détresse ? Est-ce le bon roi qui nous gouverne ? Lui qui voudrait lui seul pouvoir réparer tous nos maux ? Est-ce lui qui a contracté toutes les dettes de l'Etat ? Lui qui se prive même du nécessaire pour les rendre moins onéreuses à son peuple. Est-ce lui qui a suscité et présidé ces guerres si longues et si désastreuses ? Lui qui en était l'objet et la malheureuse victime. Est-ce enfin lui qui a causé la ruine de l'Etat et les malheurs de la France ? Lui, que la divine Providence ne nous a rendu que pour en être le Restaurateur ; que pour relever l'honneur et la gloire de sa nation avilie. Ah ! peuple aveugle, peuple insensé, reconnaissez dans tous ces maux votre ouvrage. L'opulence dont vous jouissiez sous le règne du meilleur des pères, du plus libéral des rois , a enflé votre orgueil , et vous a porté à vous soulever contre son autorité , à vous armer contre son existence ; vous l'avez lâchement abandonné , lui qui faisait votre bonheur , pour vous choisir des maîtres qui sont devenus vos tyrans , qui , par ces grands mots chimériques de liberté et d'égalité , ont causé votre ruine , et qui , malgré la surveillance de la police , trament encore aujourd'hui , sous les ombres , le dernier fil de leur scélératesse , et celui de tous vos malheurs.

Mais consolez-vous , mes frères , vos maux sont grands , il est vrai , mais ils ne sont pas sans remèdes. Humiliez-vous , convertissez-vous au Seigneur : faites pénitence de toutes vos iniquités ; embrassez avec ardeur sa Religion sainte que vous avez abandonnée ; regardez-vous comme des enfants prodigues , et revenez à la maison de votre père céleste , les larmes aux yeux , le cœur percé de douleur , et il vous remettra la robe et l'anneau de votre première dignité. Ralliez-vous tous d'esprit et de cœur autour du trône de ce bon roi , que sa miséricorde vous a donné ; montrez-vous soumis et respectueux envers un si bon père ; confiez-lui vos intérêts ; faites-lui libéralement le sacrifice des biens qu'il exige de vous , et même celui de votre vie s'il le faut ; faites tous